BEI GRIN MACHT SICH IHR
WISSEN BEZAHLT

- Wir veröffentlichen Ihre Hausarbeit,
  Bachelor- und Masterarbeit

- Ihr eigenes eBook und Buch -
  weltweit in allen wichtigen Shops

- Verdienen Sie an jedem Verkauf

Jetzt bei www.GRIN.com hochladen
und kostenlos publizieren

GRIN ☺

Entwicklungsprojekt mit der agilen Methode Scrum für ein fiktives Unternehmen. Ein Projektbericht

Christopher Knoll

Bibliografische Information der Deutschen Nationalbibliothek:

Die Deutsche Nationalbibliothek verzeichnet diese Publikation in der Deutschen Nationalbibliografie; detaillierte bibliografische Daten sind im Internet über http://dnb.d-nb.de abrufbar.

ISBN: 9783346686497
Dieses Buch ist auch als E-Book erhältlich.

Druck und Bindung: Books on Demand GmbH, Norderstedt Germany
Gedruckt auf säurefreiem Papier aus verantwortungsvollen Quellen

Das vorliegende Werk wurde sorgfältig erarbeitet. Dennoch übernehmen Autoren und Verlag für die Richtigkeit von Angaben, Hinweisen, Links und Ratschlägen sowie eventuelle Druckfehler keine Haftung.

Das Buch bei GRIN: https://www.grin.com/document/1249854

Durchführung eines Entwicklungsprojekts mit der agilen Methode Scrum in der Getränke-Maschinen AG

Projektbericht

Als Abschlussarbeit im Modul Projekt Techniken und Methoden der agilen Softwareentwicklung

- M.Sc. Wirtschaftsinformatik -

Name: Christopher Knoll

Modul: DLMIWNF02– Projekt Techniken und Methoden der agilen Softwareentwicklung

Inhaltsverzeichnis

I. Hinweis zur gendergerechten Sprache

Aus Gründen der besseren Lesbarkeit wird bei Personenbezeichnungen und personenbezogenen Hauptwörtern in dieser wissenschaftlichen Arbeit die männliche Form verwendet. Entsprechende Begriffe gelten im Sinne der Gleichbehandlung grundsätzlich für alle Geschlechter. Die verkürzte Sprachform hat nur redaktionelle Gründe und beinhaltet keine Wertung.

II. Abbildungsverzeichnis

Abbildung 18: Darstellung des Vorgangs zur Lieferung eines Increments. Quelle: Agile Methodology stigasoft.com/agile-scrum-methodology (2022)**Fehler! Textmarke nicht definiert.**

III. Abkürzungsverzeichnis

c.a   circa

et al.   et alii

ff.   fortfolgend

Std.   Stunden

S.   Seite

u.a   unter anderem

vgl.   vergleiche

z.B.   zum Beispiel

1. Einleitung

1.1 Ausgangssituation und Zielsetzung des Projekts

In dem vorliegenden Projektbericht wird das fiktive Unternehmen Getränke-Maschinen AG behandelt. Die Getränke-Maschinen AG ist ein deutscher börsennotierter Hersteller von Anlagen und Maschinen für die Herstellung, Abfüllung und Verpackung von Getränken und flüssigen Nahrungsmitteln in PET- und Glasflaschen sowie Getränkedosen mit Sitz in Neutraubling. Neben der Herstellung der Anlagen und Maschinen ist ein Hauptaugenmerk des Unternehmens der After-Sales-Bereich, auch Getränke-Maschinen-Lifecycle Service genannt. In der Vergangenheit wurden Produktupdates für die Maschinen manuell während der jährlichen Überholung durch Servicepersonal durchgeführt (vgl. Getränke-Maschinen AG 2022). Durch die technologischen Veränderungen haben sich auch die Anforderungen der Kunden an die Leistungen ihrer Maschinen und Produktionslinien verändert. Kunden fordern daher regelmäßige Softwareupdates für ihre Produkte und die Getränke-Maschinen AG wird mehr denn je unter Druck gesetzt. Auch der Wettbewerb kann aufgrund seiner schnellen Entwicklungszyklen in regelmäßigen Abständen Neuheiten für die Kunden bieten. Die Entwicklungsprojekte im Bereich Lifecycle Service wurden bisher mithilfe von plangesteuerten Projektmanagementmethoden der Wasserfall-Methode abgewickelt, um die Position als Marktführer weiterhin verteidigen zu können, sieht das Management die Notwendigkeit, die Entwicklung auf eine Agile Methode umzustellen.

1.2 Zielsetzung

Um den terminlichen Anforderungen der Kunden gerecht zu werden, sollte den Kunden in iterativen Vorgehensmodell in vierwöchigen Abschnitten Produktupdates für ihre Maschinen geliefert werden. Das Management des After-Sales-Bereichs der Getränke-Maschinen AG entschied sich dafür, dass dieses Ziel bestmöglich mit der Umstellung von der Wasserfall- auf eine agile Methode sei. Dafür musste ein passendes iteratives Vorgehensmodell ausgewählt, die Meetings und Projektmanagement Hilfsmittel angepasst werden. Bisher wurden Produktupdates aus den Abteilungen New Machine, Digital Products, sowie Line Experts entwickelt und bereitgestellt. Um eine strategische Steuerung der Entwicklung Produktupdates zu gewähren, wurde eine Veränderung der Organisationsstruktur beschlossen. Die Entwickler aus den genannten Abteilungen sollten in die Organisation Product Management Lifecycle Service versetzt werden.

2. Darstellung der Projektplanung

Zur Umsetzung des Projektes wurde eine gründliche Planung vorausgesetzt. Die Getränke-Maschinen AG hatte für alle Projekte unternehmensweite Rahmenbedingungen bestimmt, die erfüllt werden mussten. So wurden bei den Vertretern des Managements die Themen Termin und Budgetplanung, sowie die Berücksichtigung der Risiken vorgelegt. Erst dann konnte der weitere Projektverlauf eingeleitet werden. Von einer Machbarkeitsstudie wurde in dem vorliegenden Projekt aufgrund der strategischen Bedeutung des Projekts abgesehen. Im Unternehmen wurde vor dem Projektstart die Abteilung Operational Excellence etabliert. Diese beschäftigte sich mit der Analyse, sowie Transformation bestehender Abteilungen und deren Arbeitsweisen. Die zuständigen Experten waren neben anderen Aufgaben auch Agile Coaches und wurden für das Projekt zur Unterstützung einberufen.

2.1 Definition der Stakeholder

Unternehmen befinden sich in einem Geflecht aus Personengruppen mit verschiedenen Interessen, diese werden Stakeholder genannt. Gerade in Kundenprojekten gibt es unterschiedliche Personen, sowohl intern als auch extern, die von der Umsetzung des Projekts betroffen sind und deshalb ihre Meinung im Verlauf vertreten wollen. Zu den typischen Stakeholdern gehören daher neben der Geschäftsleitung eines Unternehmens auch Kunden, Mitarbeiter oder Lieferanten (vgl. Baptist, 2008, S. 8ff).

Das Ergebnis war eine Stakeholder Tabelle, welche die Interessen, Motivation und Aktivitäten zur Bedürfnisbefriedigung beinhaltete. In Anlage 1 ist ein Ausschnitt aus der Tabelle zu sehen.

2.2 Definition der Anforderungen und Projektdokumentation

Während der Projektphasen war das Projektteam aufgrund der pandemischen Lage weitgehend auf virtuelle Kommunikationsmittel angewiesen. Einige Meetings konnten jedoch vor Ort abgehalten werden, um in Workshops projektbezogene Aufgabenstellungen zu erarbeiten (vgl. Anlage 2). Durch die zur Hilfenahme von unterschiedlichen Lösungsansätzen wie Befragungen, Brainstorm/- und Kreativitätstechniken konnte durch eine effektive Zusammenarbeit des Projektteams und der Stakeholder eine Ergebnislage für die nächsten Schritte erzielt werden. Die Projektleitung dokumentierte die Ergebnisse und verfasste geeignete Lasten/- und Pflichtenhefte nach den Anforderungen des Unternehmens.

2.3 Auswahl einer geeigneten agilen Methode

Während eines Stakeholder Workshops konnte, bereits in einer Brainstorming Runde der Beitrag der betroffenen Interessensvertreter eingeholt. Anlage 3 verdeutlicht die Ergebnisse der Bewertung durch die Teilnehmer. Die Experten der Abteilung Operational Excellence übernahmen in dem Workshop eine präsentierende und moderierende Rolle. Aufgrund ihrer Erfahrung konnten sie den Teilnehmern detaillierte Informationen über die Methoden, sowie die Umsetzbarkeit in dem vorliegenden Projekt näherbringen.

Kanban

Kanban ist ein beliebtes Mittel für die Umsetzung der agilen Softwareentwicklung. Es findet häufig Anwendung in Optimierung von Workflows in der Produktion von Automobilherstellern, wo sie auch seinen Ursprung. Gerade die Stakeholder, die in der Produktion der Maschinen tätig waren, schätzten dieses Konzept als sehr sinnvoll ein. Es erfordert die Kommunikation von Kapazitäten in Echtzeit und volle Transparenz der Arbeit. Die Arbeitsaufgaben werden visuell auf einer Kanban-Tafel dargestellt, so dass die Teammitglieder jederzeit den Stand jeder Arbeit sehen können (vgl. Atlassian 2022).

Lean

Lean ist definiert als eine Reihe von Managementpraktiken zur Verbesserung von Effizienz und Effektivität. Das Kernprinzip von Lean ist die Reduzierung und Beseitigung von nicht wertschöpfenden Tätigkeiten und Verschwendung.

Es verbessert die traditionellen Produktentwicklungsprozesse, indem es die Kommunikationssilos beseitigt, die normalerweise die Abteilungen trennen (vgl. Refa Lexikon 2022).

Extreme Programming

Extreme Programming (XP) zielt darauf ab, eine höhere Produktqualität zu erreichen. XP ist das spezifischste der und agilste Form der bekannten Frameworks in Bezug auf geeignete technische Praktiken. Von den Entwicklern und den Stakeholdern wird ein hoher Erfahrungsschatz zur Umsetzung benötigt (vgl. Agile Heroes 2022).

Scrum

In Scrum werden die Lieferzyklen als "Sprints" bezeichnet und dauern im Allgemeinen eine bis vier Wochen. Die Arbeit erfolgt schrittweise und baut auf der vorherigen Arbeit auf. Scrum-Teams sind in der Regel klein und bestehen aus drei bis neun Personen, darunter ein Scrum Master und ein Product Owner. Die Kommunikation mit den Teammitgliedern und den Interessenvertretern erfolgt kontinuierlich, so dass ein ständiges Feedback erfolgt und entsprechende Änderungen vorgenommen werden können (vgl. Schwaber, Sutherland 2020, S. 1 ff.). Auf Basis der Anforderungen durch das Kundenumfeld und den Wettbewerbern, sowie den Erkenntnissen aus den Stakeholder Meetings, wurde beschlossen die Scrum-Methode zu verwenden. Ein weiterer Grund für die Wahl von Scrum war die Vorerfahrung einiger zukünftiger Teammitglieder mit Scrum, sowie die Unterstützung der Agilen Coaches aus der Abteilung Operational Excellence.

2.4 Darstellung der Risikoanalyse

Nach erfolgreicher Auswahl der agilen Methode, wurde im nächsten Schritt eine Analyse der Risiken durchgeführt. Risiken können den Erfolg des Projektes bedrohen, daher ist eine Risikoanalyse ein fester Bestandteil des Projektmanagements. Bei der Risikoanalyse wurde eine Einschätzung, Bewertung und Priorisierung der möglichen Risiken durchgeführt. Die Analyse ist eine wiederkehrende, iterative Arbeit, die während des Projekts fortgeführt wird, sobald nicht vorhergesehene Probleme auftreten. Zur Bewertung wurde auf die Hilfsmittel der Abteilung des Projektmanagements zurückgegriffen (vgl. Anlage 4).

Da vereinzelte Mitarbeiter bisher noch keine Erfahrung mit Scrum hatten, stellte ein Risiko den Verzug der Produktupdates aufgrund Ineffizienz dar. Dies konnte sich negativ auf die Kundenzufriedenheit auswirken. Ein weiterer Aspekt war der mögliche Ausfall des Projekts. Aufgrund der agilen Entwicklungszyklen von Scrum sollte eine möglichst zügige Rückkehr zur bewährten Arbeitsweise offengehalten werden. Deshalb konnten die potenziellen Kosten bei einer erneuten Umstellung in Kauf genommen werden.

Durch die geplanten Organisationsveränderungen mussten einige betroffene Mitarbeiter die Abteilung wechseln. Aufgrund der Veränderungen wurde mit Widerständen und Unzufriedenheit bei einigen Mitarbeitern gerechnet. Ein interner Wechsel oder gar ein Ausstieg aus dem Unternehmen hätte einen besonderen Verlust dargestellt. Eine frühzeitige und offene Kommunikation mit den Mitarbeitern wurde daher als besonders wichtige Maßnahme bemessen.

2.5 Erstellung der Terminplanung

In der Getränke-Maschinen AG werden Projekte durch einen Titel mit einer einheitlichen Beschreibung bezeichnet. Das Projekt „Entwicklung der Produktupdates mit Scrum" erhielt den Titel K-3849.

Für das Projekt wurde ein Terminplan erstellt, welcher in zwei Phasen aufgeteilt wurde. Die erste Phase beinhaltete die bisherige Planungsphase, die zweite Phase enthielt die Umsetzungsphase mit einem Go-Live Termin am 01.03.2021. Im Rahmen der Terminplanung wurde zusätzlich eine Kalkulation der möglichen Projektkapazitäten nach der Umstellung auf die agile Methode durchgeführt (vgl. Anlage 5).

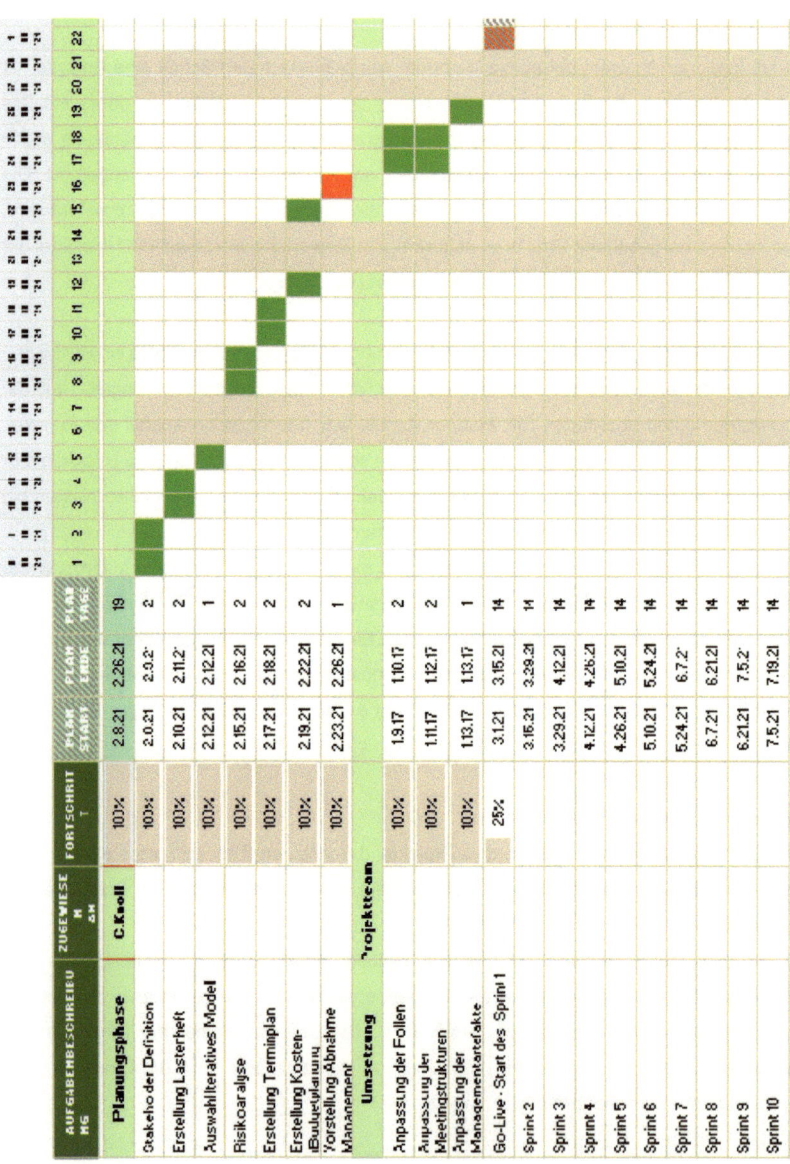

Abbildung 7: Projektplan des Projekts K-3849. Quelle: Eigene Darstellung (2022)

2.6 Planung der Projektkapazitäten

Für das Projekt K-3849 entstanden sowohl interne als auch externe Kosten. Der Großteil der Kosten stellte dabei die internen Aufwände dar. Mithilfe der Terminplanung konnte eine Abschätzung der Aufwände dokumentiert werden. Alle Mitarbeiter, die Leistungen im Rahmen des Projekts erbrachten, haben ihre Aufwände auf das Projekt verbucht. Somit konnte nach Abschluss des Projekts eine Bewertung des Erfolgs des Projektes durchgeführt werden. Neben den internen entstanden auch externe Kosten. Um die Updates der Maschinen der Kunden durchführen zu können, mussten diese über ein verschlüsseltes Global Remote System übermittelt werden. Für die Implementierung den Betrieb des Systems wurde bereits vor einigen Jahren ein externer Dienstleister zur Unterstützung beauftragt. Von einer Darstellung der Kostenstruktur des Projekts wird in diesem Bericht abgesehen.

2.7. Vorstellung der Zwischenergebnisse und Managemententscheidung

Bevor die Durchführungsphase des Projekts K-3849 eingeleitet werden konnte, wurden die bisherigen Ergebnisse vor einer Managementrunde präsentiert. Der Teilnehmerkreis bestand aus dem Projektleiter, dem Head of Product Management, Head of International Field Service, Head of Sales LCS Global, Head of New Machine und dem zuständigen Mitglied des Vorstands.

In dem Meeting wurden die bisherige Budgetplanung, die Analyse der Risiken des Projekts und die weiteren Schritte der Terminplanung besprochen und von allen Teilnehmern bestätigt. Die notwendige Veränderung der organisationalen Strukturen führten zu größeren Diskussionen. Wie in Anlage 6 und Anlage 7 dargestellt wird, sollte der Bereich von dem Head of Product Management einen Zuwachs von fünf Mitarbeitern erhalten, welche die Entwicklungstätigkeiten im zukünftigen Scrum Team übernehmen. Bisher bestand die Abteilung aus zwei Produktmanagern, einer der Produktmanager wird in seiner neuen Rolle als Product Owner das Team unterstützen. Die fünf Entwickler waren zuvor in den Bereichen New Machine Digital Products, sowie Line Experts tätig, wo sie bisherige Entwicklungstätigkeiten vollzogen.

Personalveränderungen gehen meist mit Widerständen auf Seiten der zuständigen Stakeholder, sowie der betroffenen Mitarbeiter einher. Im Rahmen der Managementrunde wurde die Bedeutung einer transparenten Kommunikation mit den Mitarbeitern bekräftigt und Maßnahmen zur bestmöglichen Integration der Mitarbeiter beschlossen.

3. Anpassung der Organisation an Scrum

3.1 Anpassung der Projektstrukturen an die agile Methode Scrum

Aufgaben	Zeitraum
Go-Live - Erster Scrum Durchlauf im Prozess	
Sprint Planning (4 Stunden) - Definition Sprint Ziel und Erstellung Sprint Backlog	01.03.2022
Sprint - Daily Scrum Meeting 8:00 Uhr (0,25 Stunden) - tägliche Entwicklungsarbeit	01.03.22 - 15.03.22
Sprint Review (2 Stunden) - Überprüfung Increment, Anpassung Backlog grooming	15.03.2022
Sprint Retrospektive (2 Stunden) - Überprüfung Sprint, Implementierung Verbesserungen	15.03.2022
Sprint Planning (4 Stunden) - Definition Sprint Ziel und Erstellung Sprint Backlog	15.03.2022
Sprint - Daily Scrum Meeting 8:00 Uhr (0,25 Stunden) - tägliche Entwicklungsarbeit	15.03.22 - 29.03.22
Sprint Review (2 Stunden) - Überprüfung Increment, Anpassung Backlog grooming	29.03.2022
Sprint Retrospektive (2 Stunden) - Überprüfung Sprint, Implementierung Verbesserungen	29.03.2022

Abbildung 8: Abbildung der Sprint Durchläufe 1 und 2. Quelle: Eigene Darstellung (2022)

3.2 Anpassung der Organisationsstruktur und Rollen

Das Wasserfall-Prinzip ist ein lineares Vorgehensmodell, das Entwicklungsprozesse in aufeinanderfolgende Projektphasen unterteilt. Dagegen erfolgt die Organisation des Teams nach dem Scrum Prinzip eigenständig. Das Scrum Team entscheidet, welche Anforderungen aus dem Product Backlog in der nächsten Iteration (Sprint) bearbeitet werden. Das Projektteam in Scrum ist verantwortlich für die Lieferung, Qualität und Umfang des Produkts. Das Team setzt sich dabei aus verschiedenen Rollen zusammen (vgl. Kaltenecker 2013, S. 44 ff.). Anlage 8 stellt diese Rollen grafisch dar.

Product Owner

Die Verantwortung des Produkts liegt in der Hand des Product Owners. Seine Aufgabe ist es den maximalen Wert des Produkts, welche sich durch die Erarbeitung des Scrum Teams ergeben. Dabei agiert er in enger Zusammenarbeit mit den Stakeholdern, um die Anforderungen für die Produktupdates der Kunden zu definieren. Diese Anforderungen werden im Product Backlog gesammelt und verwaltet. Durch den Product Owner wird alleinig entschieden, wann Funktionalitäten ausgeliefert werden und in welchem Umfang. Dabei hat er die Aufgabe, dem Scrum Team ein Verständnis der Anforderungen zu vermitteln.

Das Aufgabengebiet des Product Owners umfasste in der Vergangenheit die Betreuung von Produkten aus dem After-Sales-Bereichs. Mit der Verantwortung von Softwareprodukten und deren Entwicklung, sowie der Verwendung agiler Methoden, hatte er noch keine Vorerfahrungen. Daher wurde beschlossen, durch intensive Schulungsmaßnahmen und Unterstützung durch die agilen Coaches, den Product Owner über einen Zeitraum von sechs Monaten bestmöglich zu begleiten und auszubilden.

Scrum Master

Der Scrum Master hat die Aufgabe, das Scrum Team in ihrer Tätigkeit zu unterstützen und mögliche Hindernisse zu beseitigen. Weiterhin schult er das Scrum Team in Selbstmanagement und der Zusammenarbeit. Dabei hat er keinen Einfluss auf die Bestimmung der Anforderungen, oder die darauffolgende Umsetzung. Seine Funktion ist daher mit der eines Moderators und Coaches zu vergleichen (vgl. Pichler 2008, S. 18 ff.).

Da das Projekt mit einem begrenzten zeitlichen Horizont geplant war und im Unternehmen derzeit kein Scrum Master für die Rolle verfügbar war, musste eine Übergangslösung gefunden werden. Während der Projektumsetzung und der Durchführung der ersten Sprints, wurde hier auf die Ressourcen der Abteilung Operational Excellence in Form eines Interim-Scrum-Masters zurückgegriffen. Währenddessen wurde durch die Personalabteilung ein Auswahlverfahren in die Wege geleitet, um einen erfahrenen Scrum Master für das Team gewinnen zu können.

Scrum Team

Das Scrum Team ist verantwortlich für die Umsetzung der Anforderungen, welche in Form von fertigen Funktionalitäten ausgeliefert werden. Das Scrum Team ist ausgestattet mit den erforderlichen Kompetenzen und organisiert sich in den festgelegten Zeiträumen selbst.
Um für eine effektive Zusammenarbeit zu sorgen, ist es notwendig, sich auf gemeinsame Normen zu einigen. Diese Normen können als Unternehmensstandard in einem Unternehmen fest verankert sein. Im Fall der Getränke-Maschinen AG entwickelte das Scrum Team mit der Unterstützung der Abteilung Operational Excellence eigene Normen, die die zukünftige Zusammenarbeit bestimmt wurde (vgl. Anlage 9).

3.3 Anpassung der Managementartefakte an Scrum

Bei der Durchführung eines Projekts nach Scrum griff die Projektleitung auf verschiedene Hilfsmittel zur Erstellung der Prozessdokumentation zurück, diese werden als Artefakte gekennzeichnet. Mithilfe der Artefakte ist eine nachvollziehbare Darstellung des Projektverlaufs sowie eine Visualisierung der Projektstände für Stakeholder möglich. Gerade bei der hohen Anzahl von Stakeholdern in dem Projekt K-3849 war dies zwingend notwendig (vgl. Kaltenecker 2013, S.73 ff.).

Product Backlog

Unter dem Product Backlog versteht man einen zentralen Speicher für alle Anforderungen in priorisierter Reihenfolge, die zur Erfüllung des Produkterfolgs benötigt werden. Der Product Owner verwaltet die Anforderungen in dem Product Backlog, dies wird auch als Backlog Grooming bezeichnet. Um für ein einheitliches Verständnis der Anforderungen zu schaffen, wird von fachspezifischen Ausdrücken abgesehen. Weiterhin werden die Anforderungen als User-Stories in Anwenderform formuliert. Auch Verbesserungen von bestehenden Teilprojektprozessen und der Reduktion von technischen Schulden sind in dem Product Backlog enthalten. Die bestehenden Vorlagen und Dokumente, sowie Prozesse und Abläufe wurden von dem Product Owner in Zusammenarbeit mit der Abteilung Operational Excellence an die Bedürfnisse der Scrum Artefakte angepasst. Dabei wurde auch das Product Backlog mit Anforderungen an das Projekt und die Produktupdates durch den Input der Stakeholder befüllt. Auch die Tätigkeiten, die während der Umstellung auf Scrum nicht vorab geklärt werden konnten, wurden als Arbeitspakete in das Product Backlog integriert. Abbildung 13 zeigt einen Ausschnitt aus dem Product Backlog, welches durch Getränke-Maschinen in Jira aufgesetzt wurde. Da in anderen Bereichen des Unternehmens das Tool bereits seit längerer Zeit in Verwendung war, konnte ohne Mehrkosten auf bestehende Lizenzen zurückgegriffen werden.

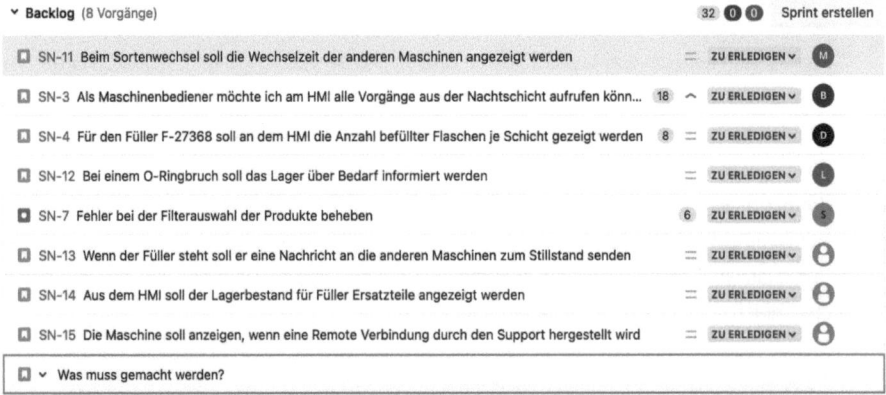

Abbildung 13: Eigene Darstellung des Product Backlogs in Jira. Quelle: Jira. kostenlose Testversion von https://de.atlassian.com/software/jira (2022)

Sprint Backlog

Das Sprint Backlog wird auf Basis des Product Backlogs durch das Scrum Team erstellt. Es beinhaltet alle Anforderungen, während eines Sprints abgearbeitet werden sollen. Vor jeder neuen Iteration erfolgt eine Befüllung des Sprint Backlogs und täglich aktualisiert, um Transparenz gegenüber den Stakeholdern zu ermöglichen (vgl. Schwaber 2004, S. 136ff.).

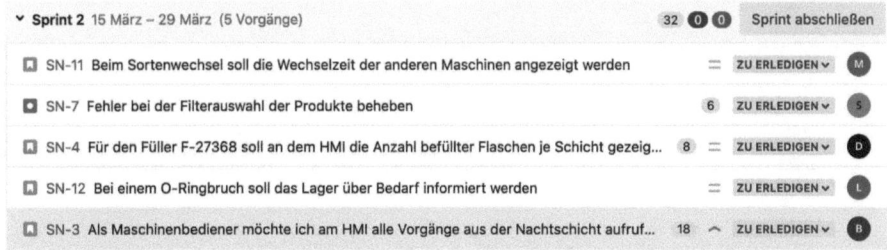

Abbildung 14: Eigene Darstellung des Sprint Backlogs in Jira. Quelle: Jira. kostenlose Testversion von https://de.atlassian.com/software/jira (2022)

Sprint Burndown Chart

Sprint Burndown ist eine grafische Darstellung der geschätzten verbleibenden Arbeitsstunden für einen bestimmten Zeitraum während eines Sprints.

Dieses Tool wurde von dem Management als besonders wichtig angesehen, dadurch konnte eine Transparenz gegenüber den Stakeholdern geschaffen werden (vgl. Pichler 2008, S 117ff.).

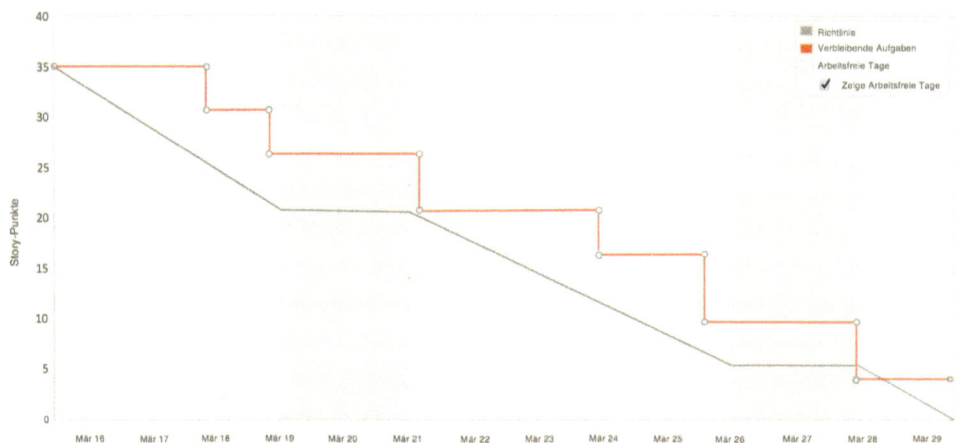

Abbildung 15: Darstellung des Burndown Diagramm in Jira. Quelle: Jira. kostenlose Testversion von https://de.atlassian.com/software/jira (2022)

Product Increment

Um die Anforderungen aus dem Product Backlog am Ende eines Sprints als fertig entwickelt zu klassifizieren, müssen sie der Definition of Done entsprechen. Diese beschreibt Regeln, die durch das Scrum Team oder einem Unternehmensstandard festgelegt wurden. Anlage 10 zeigt die Definition of Done nach den Regeln des Unternehmens Getränke-Maschinen AG. Das Team hat diese als Standard für ihre Arbeit implementiert. Alle Anforderungen, die nach Abschluss eines Sprints der Definition of Done entsprachen, konnten als Product Increment bezeichnet werden. Alle Incremente bauen aufeinander auf und werden regelmäßig geprüft, ob sie dem sich wandelnden Produktziels entsprechen (vgl. Sutherland & Schwaber 2020, S.13).

Scrum Board

Mithilfe eines Scrum-Boards werden die Anforderungen, an denen gerade gearbeitet wird dargestellt. Scrum-Boards können sowohl physisch als auch virtuell genutzt werden. Getränke-Maschinen entschied sich für ein virtuelles Scrum Board in Jira. Das Scrum Board für Projekt K-3849 enthielt die Spalten "Aufgaben", "in Arbeit" und "Fertig" (vgl. Abbildung 16). Darin wurden die zu bearbeitenden Anforderungen in den formulierten Stadien visualisiert. Durch die einfache Darstellung in Jira wurde ein Überblick für das Projektteam und alle Stakeholder ermöglicht (vgl. Amber 2013, S. 12).

11

Sprint 2

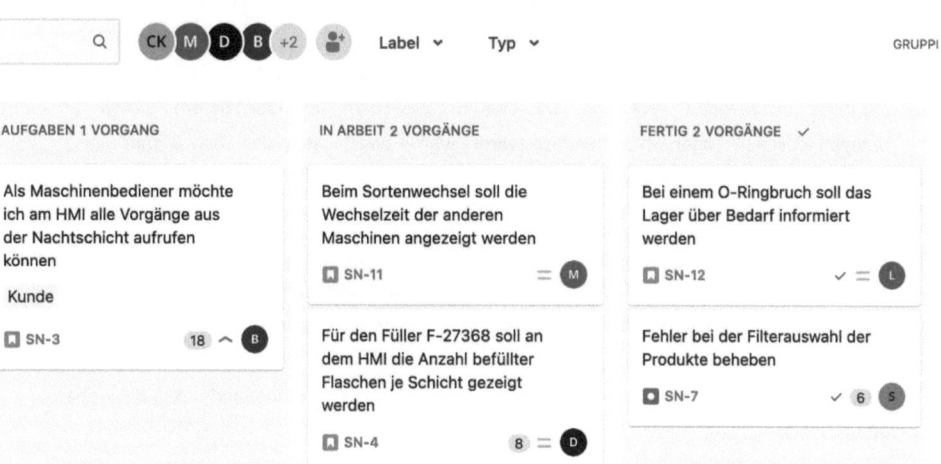

Abbildung 16: Darstellung des Scrum Boards in Jira. Quelle: Jira. kostenlose Testversion von https://de.atlassian.com/software/jira (2022)

3.4 Anpassung der Projekt-Meetings an Scrum

Unter einem Scrum Meeting versteht man in diesem Kontext alle Meetings, die während der Entwicklung durchgeführt werden.

Während der Projektarbeit ist ein Scrum Team mit knappen Fristen konfrontiert, die es selbstständig einhalten muss. Das Durchführen von regelmäßigen Meetings unterstützt es dabei, die Abstimmung zu verbessern und Hindernisse rechtzeitig abzubauen.

Sprint Planning

Für das Sprint Planning wurden 4 Stunden festgelegt. Teilnehmer der Besprechung waren der Product Owner, das Scrum Team und der Scrum Master und Agile Coach. Im Rahmen des Sprint Plannings sollte das Product Backlog analysiert und die Anforderungen für den folgenden Sprint festgelegt. Die Aufgabenteilung sieht vor, dass der Product Owner als einziger die Priorisierung, das Scrum Team hingegen die Selektion der Anforderungen festlegt (vgl. Gloger, Magetich 2008, S.9).

Daily Scrum

Innerhalb von 15 Minuten erfolgt während eines Daily Scrums ein Austausch des Scrum Teams und Scrum Master, wobei letzterer als Moderator fungiert. Während des Daily Scrums, wird kurz über den derzeitigen Arbeitsstand seit dem letzten Daily Scrum durch die Mitarbeiter berichtet. Weitere Inhalte sind geplante Tätigkeiten bis zum folgenden Daily Scrum, sowie mögliche existierende Probleme. Da das Scrum Team und der Scrum Master an unterschiedlichen Tagen im Homeoffice waren, wurde beschlossen das Daily Scrum täglich um 09:00 Uhr virtuell zu halten.

Sprint Review

Nach Abschluss eines Sprints folgt das Sprint Review Meeting, im Fall des Projekts fand dieses in einem 14-Tage-Rhythmus statt und dafür wurde ein 2 Stunden Zeitraum festgelegt. Neben dem Scrum Team, dem Scrum Master und dem Product Owner wurden hierzu auch die betroffenen internen Stakeholder eingeladen (vgl. Sutherland & Schwaber 2020, S.11).

Ziel des Sprint Review Meetings ist eine Kontrolle aller fertiggestellten Artefakte und das Einholen von Feedback durch die Stakeholder. Dies wurde im Rahmen einer Überprüfung des Release Candidate (RC) ermöglicht.

Sprint Retrospective

Ein Sprint endet mit dem Sprint Retrospective Meeting, dafür wurde von der Projektleitung ein Zeitraum von 2 Stunden festgelegt wurde. Während der Sprint Retrospective werden vergangene Sprints rekapituliert und Verbesserungspotenziale identifiziert. Anschließend wird diskutiert, welche der festgelegten Anforderungen in das Product Backlog aufgenommen werden sollen (Sutherland, J. und Sutherland 2014, S. 238).

Abbildung 17 zeigt beispielhaft einen Ausschnitt aus der Sprint Retrospective.

Was Lief gut?	Was lief schlecht?	Was wird umgesetzt?
• Umsetzung der ersten Stories hat gut funktioniert • Priorisierung der Stories wird mit Hilfe von Operational Excellence besser • Mithilfe der FK's konnte Fülle an Meetings aus anderen Bereichen reduzieren • Story-Point Workshop von Operational Excellence hat sehr geholfen	• Daily Scrum artet in Diskussionen aus • Team Kommunikation während Sprint • Zu viele Bugs in Acceptance Tests gefunden	• LUP und Regressionstests direkt durchführen • User-Stories mit 13+ Punkten wird runtergebrochen • Forderung von Stakeh. Protokolle zu senden eskalieren (Showstopper)

Abbildung 17: Darstellung des Ausschnitts der Sprint Retrospective Protokolls. Quelle: Eigene Darstellung

3.5 Durchführung der Schulungsmaßnahmen der Mitarbeiter

Die Schulung der Mitarbeiter hat eine besondere Bedeutung in der Implementierung von Scrum. Mitarbeiter, die die Praktiken nicht vollständig verstanden und internalisiert haben, laufen Gefahr in alte Methoden zu verfallen. Ein klares Verständnis ist daher unerlässlich und sollte bei der Einführung von Scrum im Vordergrund stehen (vgl. Schwaber, Sutherland 2020, S. 6 ff.).

Einige Mitglieder des Scrum Teams hatten bereits Erfahrung in Scrum, jedoch wurde durch das Management beschlossen, dass alle betroffenen Mitarbeitern durch die Abteilung Operational Excellence geschult werden sollten. Wegen des kurzfristigen Zeithorizonts wurden tägliche Schulungsblöcke angesetzt. Weiterhin wurde für alle Stakeholder eine Schulung geplant, um ein universelles Verständnis für die Methode und Arbeitsweise zu vermitteln. Gerade da die Stakeholder bisher nur Erfahrungen mit der Wasserfall-Methode gemacht haben, wurde hier mit Schwierigkeiten bei der Umsetzung gerechnet. Einige der Stakeholder waren es weitgehend gewohnt, Anforderungen mit klaren Start- und Endzeiten zu definieren.

3.6 Durchführung des ersten agilen Durchlaufs nach Scrum

Im zweiten Teil des Projekts, folgte die Umsetzung der Entwicklungsarbeit mit der Scrum Methode. Dafür wurde für den ersten Sprint ein Produktupdate verwendet, welches für einen Maschinentyp mit geringer Anzahl geeignet war. Die Zielkunden waren Brauereien, die in

Deutschland ansässig waren und so konnte, wenn nötig auch schnell vor Ort reagiert werden.

Für einen Sprint wurde ein Zeitraum von 14 Tagen angesetzt. Insgesamt wurden für das Entwicklungsprojekt zehn Sprints angesetzt. Mit dem Sprint Planning startete der Durchlauf, dabei wurde besprochen, welche Anforderungen für den Sprint Backlog und somit als zu bearbeitende Ziele ausgewählt werden sollten. Hier kam es zu den ersten Konflikten zwischen den Projektteilnehmern. Das Scrum Team stufte die Relevanz einiger Anforderungen anders ein als der Product Owner. Es fehlte dem Product Owner an Selbstvertrauen in seiner Rolle, da sein technisches Know-How noch nicht ausgeprägt genug war. Erst durch die Intervention durch die Kollegen der Abteilung Operational Excellence konnte die Bedeutung seiner Rolle bekräftigt werden.

Anschließend folgte der Sprint und das Scrum Team leistete den Mehrwert für das Produkt. In dieser Zeit trafen sie sich täglich um 09:00 Uhr, um während des Daily Scrum einen Statusbericht zu liefern. Der Scrum Master der Abteilung Operational Excellence stand ihnen dafür zur Seite. Die Anwesenheit an diesem Meeting war für den Product Owner nicht notwendig, jedoch wurde es von den internen Coaches für das Entwicklungsprojekt empfohlen, um ein besseres Verständnis für die Arbeitsweise des Scrum Teams zu erhalten.

In der dem darauffolgenden Sprint Review Meeting wurde das Inkrement als Release Candidate vor den Stakeholdern präsentiert. Hierbei traten noch technische Schwierigkeiten auf, welche in das Product Backlog mit aufgeführt wurden. Die Stakeholder hatten in dem Meeting weitere Anforderungen an das Produkt gestellt. Einige Stakeholder forderten Gedächtnisprotokolle aus den Daily Scrum und anderen Meetings, welche den Personenkreis auf das Projektteam beschränkten. Auch der Hinweis der Mitarbeiter aus der Abteilung Operational Excellence, dass dies nicht mit der Scrum Methode einhergehe und ein Vertrauen in die Arbeit des Projektteams nötig sei, konnte keine Abhilfe schaffen. Es folgte eine Eskalation zu dem verantwortlichen Vorstand, der das Projektteam unterstützte.

Mit dem Sprint Retrospective Meeting wurde der erste Scrum Durchlauf abgeschlossen. Das Projektteam rekapitulierte selbstkritisch die Iteration und kam zur Erkenntnis, dass das Team neben Abstimmungsproblemen jedoch bereits im ersten Durchlauf einen Mehrwert erzielen konnten. Nach dem Abschluss der Sprint Retrospective folgte direkt der zweite Scrum Durchlauf. Durch die wachsende Unterstützung aus dem Management reduzierte sich die Anzahl an internen Anforderungen an das Produkt. Dadurch konnte sich der Product Owner stärker auf die Kundenanforderungen konzentrieren. Durch die Unterstützung von Operational Excellence fiel es ihm weiterhin leichter, die Priorisierung der Anforderungen durchzuführen. Die neue Meeting Kultur führte zu einer verbesserten Kommunikation zwischen allen

Projektteammitgliedern. Die Erfahrung des Scrum Masters hatte einen bedeutenden Einfluss auf den Erfolg des Projekts.

3.7 Abschluss des Projekts

Nach 10 Sprints konnte das Projekt abgeschlossen werden und den Kunden in regelmäßigen Abständen Produkt-Updates zur Verfügung gestellt werden. Aufgrund des begrenzten zeitlichen Horizonts zwischen Beschluss zur Umstellung der Organisation, bis zum offiziellen Betrieb, kam es während des Projekts regelmäßig zu einigen Konflikten. Zum einen wurden die Mitarbeiter aus der Entwicklung kurzfristig mit der neuen organisationalen Aufteilung konfrontiert. Durch intensive Kommunikation und Zusammenarbeit mit der neuen Führungskraft konnten diese Unstimmigkeiten aus dem Weg geschafft werden. Ein weiteres Hindernis war die fehlende Akzeptanz, sowie der Erfahrung mit Scrum im Managementbereich. Immer wieder wurde das Projektteam durch Mikromanagement der Stakeholder in ihrer Arbeit eingeschränkt. Nachdem die Trainingsmaßnahmen durchgeführt wurden, welche von dem zuständigen Vorstand angeordnet wurden, verbesserte sich die Situation. Mit zunehmendem Fortschritt des Projekts, zeigte sich schnell eine erhöhte Effizienz in der Arbeitsweise des Projektteams und nach Sprint sechs konnte ein neuer Scrum Master für das Unternehmen gewonnen werden. Der neue Mitarbeiter wurde bis zum Ende des Projekts eingebunden und konnte zügig durch die Abteilung Operational Excellence in seine neue Tätigkeit eingebunden werden. Er erreichte bereits nach kurzer Zeit eine hohe Akzeptanz im Scrum Team und übernahm die Rolle auch für zukünftige Entwicklungsprojekte.

4. Zusammenfassung und Ausblick

In dem vorliegenden Projektbericht wurde die Situation des Unternehmens Getränke-Maschinen AG behandelt. Durch die technologischen Veränderungen und den steigenden Wettbewerb musste das Unternehmen ihren Kunden in schnelleren Zyklen Updates für ihre Maschinen liefern und wollte dies durch den Umstieg von der Wasserfall-Methode auf das agile Vorgehensmodell Scrum erreichen.

Während der Durchführung des Projekts, wurde das Projektteam mit verschiedenen Problemen konfrontiert, jedoch konnte durch die Unterstützung der internen agilen Coaches ein Mehrwert erzielt werden und die Kunden zufriedengestellt werden. Auch die Akzeptanz und Erfahrung mit Scrum in Bereichen außerhalb des Kernteams, wie den Stakeholdern in den Managementreihen musste erst geschaffen werden.

In der Vorbereitungsphase sowie während der Durchführung des Projekts, konnten einige Vorlagen für Artefakte und Hilfsmittel erstellt werden. In den folgenden Scrum Durchläufen rechnete das Management mit einer weiteren Steigerung der Effizienz des Projektteams. Die Unternehmensleitung glaubt fest an die Zukunft der Methode im Unternehmen und plant mit einem Ausbau auf weitere Bereiche des Unternehmens.

IV. Literaturverzeichnis

Agile Heroes (2022). Extreme Programming. (URL: https://www.agile-heroes.de/magazine/extreme-programming/ [Stand: 18.05.2022]).

Atlassian (2022). Was ist Kanban? (URL: https://www.atlassian.com/de/agile/kanban [Stand: 18.05.2022]).

Baptist, F. (2008). Strategisches Stakeholder Management: Stakeholder Profilanalyse. Eine empirische Untersuchung. Saarbrücken. VDM Verlag Dr. Müller.

Hevner, A. et al. (2004): Design Science in Information System Research. MIS Quarterly 28, S. 75–105, University of Florida.

Kaltenecker, S. (2013): Selbstorganisierte Unternehmen. Management und Coaching in der agilen Welt. Heidelberg. Dpunkt.verlag GmbH.

Krones AG (2022). Unternehmensbeschreibung. (URL: https://www.Krones.com/de/index.php [Stand: 18.05.2022]).

Refa Lexikon (2022). Lean Development. (URL: https://refa.de/service/refa-lexikon/lean-development [Stand: 18.05.2022]).

Pichler R. (2008): Scrum. Agiles Projektmanagement erfolgreich einsetzen. dpunkt.verlag, Heidelberg.

Project Manager (2021): What is Lean Project Management (URL: https://www.projectmanager.com/blog/lean-project-management [Stand: 18.05.2022]).

Simtion, A. (2016). Strategische Stakeholder-Ansprache. Eine Fallstudie zur BtB-Kundenkommunikation auf Messen. Wiesbaden: Springer Fachmedien

Schwaber, K. Sutherland, J. (2020). Scrum Guide. (URL: https://scrumguides.org/docs/scrumguide/v2020/2020-Scrum-Guide-US.pdf#zoom=100 [Stand: 18.05.2022]).

Sutherland, J. (2014): Scrum. The art of doing twice the work in half the time (1. ed.). New York NY: Crown Business.

Time   Track   App   (2022):   Risikoanalyse.   (URL: https://www.timetrackapp.com/blog/risikoanalyse-projekte/ [Stand: 18.05.2022]).

V. Anlagenverzeichnis

Anlage 1: Ausschnitt aus der Stakeholder Analyse

Stakeholder Analyse (Zum Verständnis der betroffenen Personen)			
Grund der Durchführung/ Projektnummer:	Projekt K-3849		
Stakeholder	**Welche Interessen? Wie betroffen?**	**Einfluss auf den Projekterfolg?**	**Mögliche Aktivitäten zum Einfluss der Interessen**
Primäre Stakeholder			
Kunden	• Schnellere Updates für Maschinen • Geringe Kosten	• Hoher Einfluss	• Einbindung der Key Account Kunden in POC Projekt um erste Ergebnisse zu liefern • Regelmäßige Updates durch PO
Head of Product Management	• Director Entwicklungsabteilung	• Hoher Einfluss • Hohes Interesse an Ergebnisse, da Druck aus dem Vorstand	• Regelmäßige Einbindung in Status Updates • Auf ihn zugehen bei showstopper um diese aus dem Weg zu räumen
Entwickler Team	• Abteilungswechsel • Mögliche Gehaltsanpassungsforderung • Forderung nach ordentlicher Integration • Forderung nach Homeoffice wie in ihren vorherigen Abteilungen	• Hoher Einfluss	• Offene und frühzeitige Kommunikation • Aufnahme von Wünschen und Einbinden in die Umgestaltung • HR Einbinden in Anforderungen an Gehaltsanpassungen • Head of PM über Home Office Angebot mit ins Boot holen

Abbildung 1: Ausschnitt aus der Stakeholder Analyse des Projekts K-3849. Quelle: Eigene Darstellung (2022)

Anlage 2: Agenda des LCS Workshops

Zeitraum	Tagesworkshop Agiles LCS
08:00 - 09:00	Fragerunde Vision Agiles LCS
09:00 - 10:00	
10:00 - 11:00	Brainstormingrunde Lösungswege
11:00 - 12:00	Rollen und Personen in der neuen Orga
12:00 - 13:00	Mittagspause
13:00 - 14:00	Anforderungen an das Individuum
14:00 - 15:00	Führung und Macht in Agilen Teams
15:00 - 16:00	Recap und Nächste Schritte

Abbildung 2: Agenda des LCS Workshops. Quelle: Eigene Darstellung (2022)

Anlage 3: Ergebnisse der agilen Methodenbewertung durch die Stakeholder

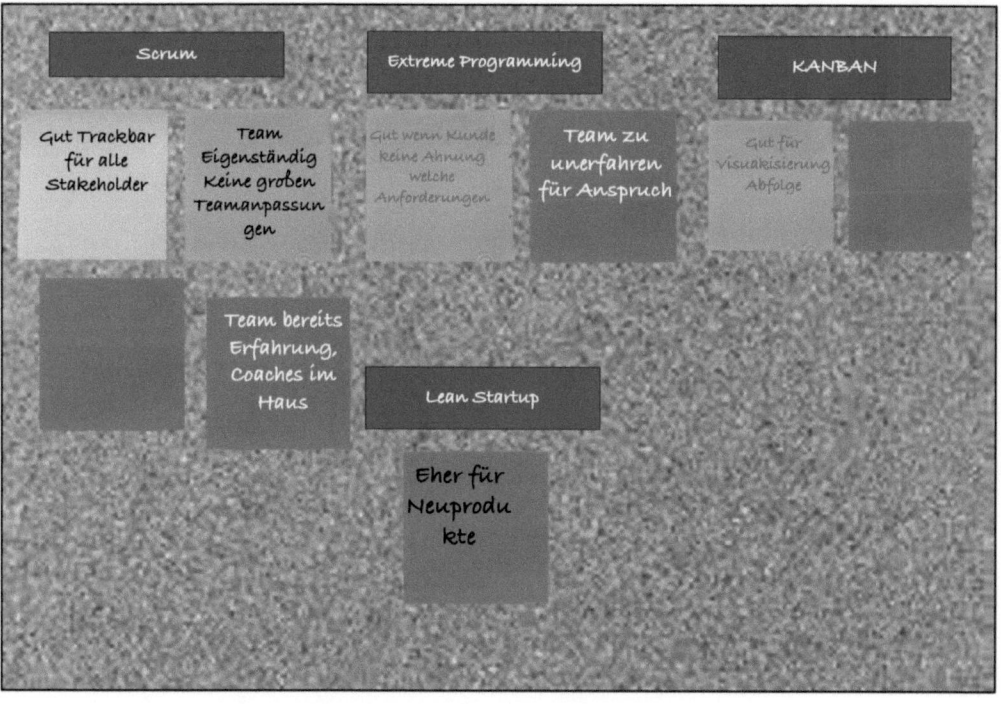

Abbildung 3: Ergebnisse der Brainstorming Runde. Quelle: Eigene Darstellung (2022)

	Scrum	Kanban	Extreme Programming	Lean
Stufe der Agilität	++	+	+++	++
Umfang	+++	+	++	++
Notwendige Erfahrung	+++	+++	+	++
Komplexität der Implementierung	++	+	++	++
Einschätzung der Eignung	+++	+	++	++

Abbildung 4: Ergebnisse der agilen Methodenbewertung. Quelle: Eigene Darstellung (2022)

Anlage 4: Ergebnisse der Risikoanalyse des Projekts K-3849

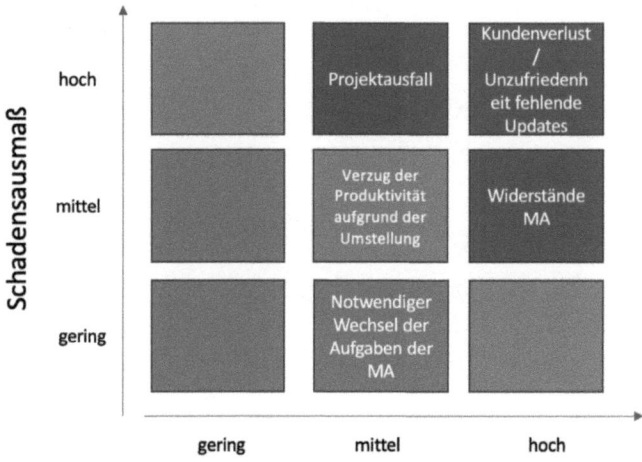

Abbildung 5: Ergebnisse der Risikoanalyse. Quelle: Eigene Darstellung (2022)

Anlage 5: Kalkulation der verfügbaren Projektkapazitäten der agilen Arbeitsweise

		Verfügbare Projektkapazitäten			
Teammitglied	% - Verfügbarkeit	Personentage / Woche	Personentage / Sprint	Personenstunden/Sprint	Personentage /Puffer/Sprint
Mitarbeiter 1	100	5	10	80	5
Mitarbeiter 2	100	5	10	80	5
Mitarbeiter 3	100	5	10	80	5
Mitarbeiter 4	100	5	10	80	5
Mitarbeiter 5	100	5	10	80	5
Gesamt		25	50	400	25
Projektkapazität nach 10 Sprints			500	4000	250

Abbildung 6: Darstellung der Projektkapazitäten. Quelle Eigene Darstellung (2022)

Anlage 6: Darstellung der Organisationsstruktur Getränke-Maschinen LCS vor Projektstart

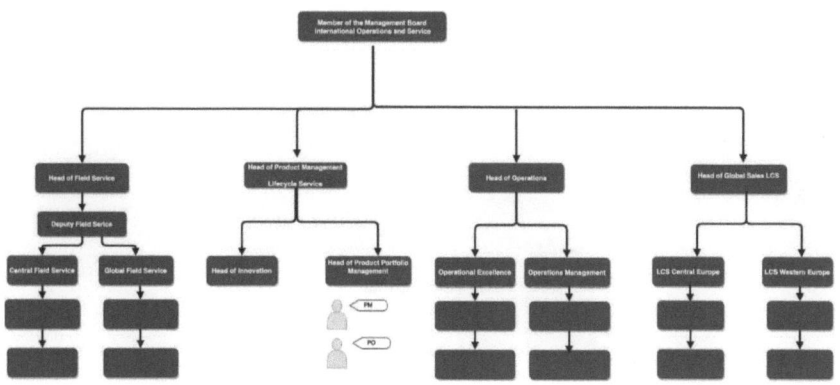

Abbildung 9: Darstellung der ursprünglichen Organisationsstruktur LCS. Quelle Eigene Darstellung (2022)

Anlage 7: Darstellung der geplanten Organisationsstruktur Getränke-Maschinen LCS nach Durchführung des Projekts

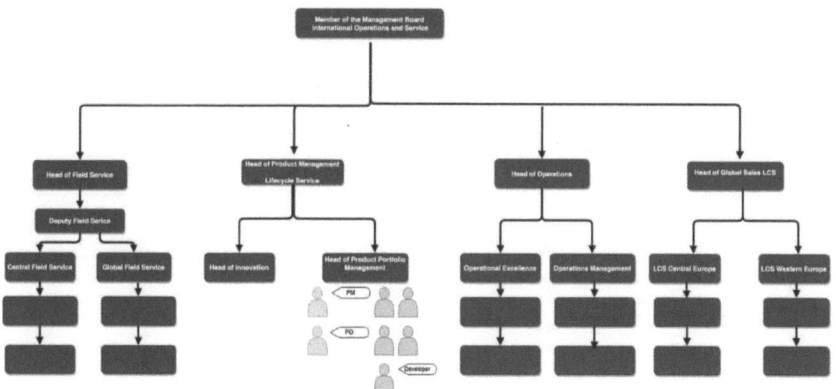

Abbildung 10: Darstellung der geplanten Organisationsstruktur LCS. Quelle: Eigene Darstellung (2022)

Anlage 8: Darstellung der Rollen in Scrum

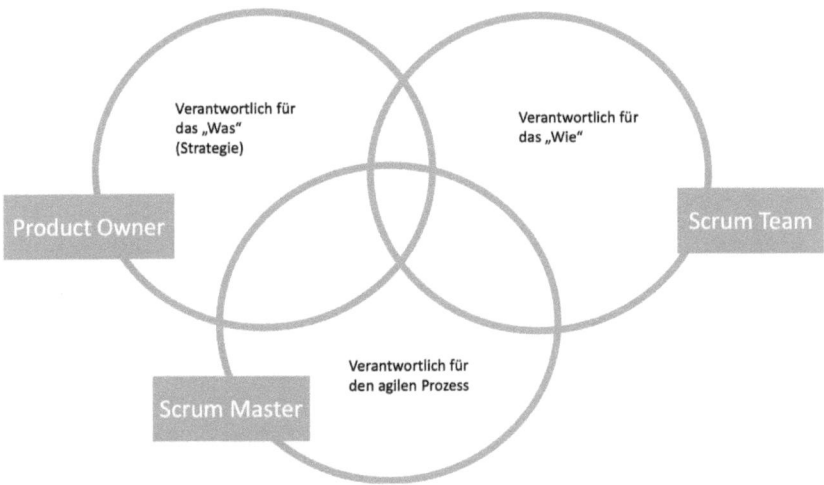

Abbildung 11: Darstellung der Rollen in Scrum. Quelle: Eigene Darstellung (2022)

Anlage 9: Ergebnisse der Normen für die Zusammenarbeit des Scrum Teams

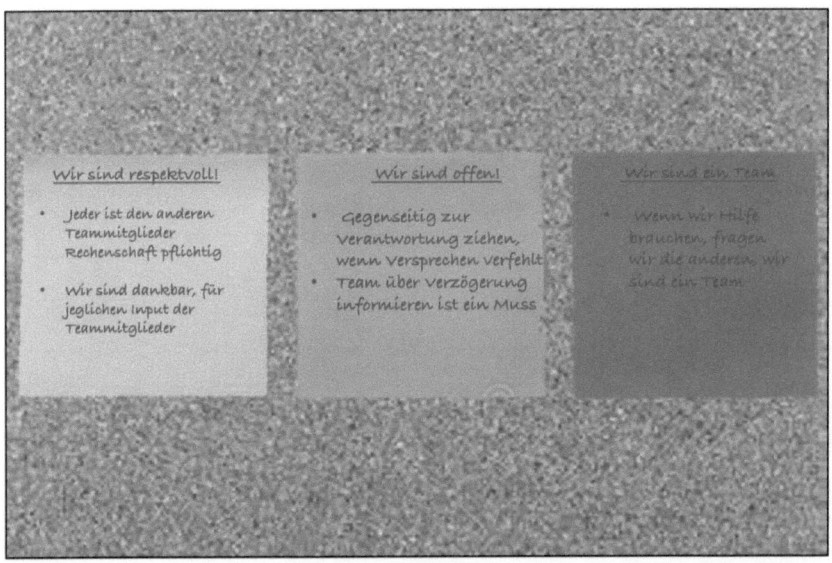

Abbildung 12: Darstellung der Normen des Scrum Teams. Quelle: Eigene Darstellung (2022)

Anlage 10: Getränke-Maschinen Guidelines Definition of Done

Definition of Done
Integriert in ein sauberes Build
Funktionalität in der erforderlichen Benutzerdokumentation dokumentiert
Erfüllt die Compliance-Anforderungen
Automatisierte Regressionstests bestanden
Funktionstests auf Feature-Ebene bestanden
Nicht-funktionale Anforderungen erfüllt
Hochstufung in eine übergeordnete Umgebung
Akzeptanzkriterien erfüllt

Abbildung 15: Darstellung der Definition of Done. Quelle: Eigene Darstellung

BEI GRIN MACHT SICH IHR WISSEN BEZAHLT

- Wir veröffentlichen Ihre Hausarbeit, Bachelor- und Masterarbeit

- Ihr eigenes eBook und Buch - weltweit in allen wichtigen Shops

- Verdienen Sie an jedem Verkauf

Jetzt bei www.GRIN.com hochladen und kostenlos publizieren